Impressum
Verlag: BABADADA GmbH, Nedderfeld 112 , 22529 Hamburg
Geschäftsführer / Verlagsleitung: Harald Hof
Druck: Books on Demand GmbH, In de Tarpen 42, 22848 Norderstedt

Imprint
Publisher: BABADADA GmbH, Nedderfeld 112 , 22529 Hamburg, Germany
Managing Director / Publishing direction: Harald Hof
Print: Books on Demand GmbH, In de Tarpen 42, 22848 Norderstedt

sekolah
école

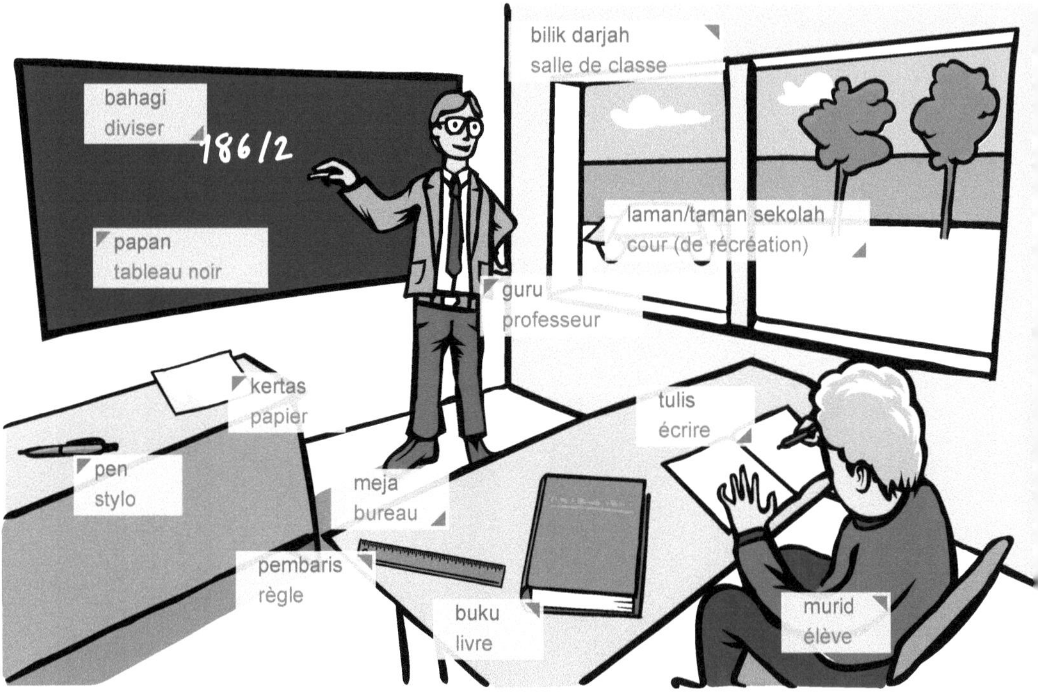
bilik darjah
salle de classe
bahagi
diviser
186/2
papan
tableau noir
laman/taman sekolah
cour (de récréation)
guru
professeur
kertas
papier
tulis
écrire
pen
stylo
meja
bureau
pembaris
règle
buku
livre
murid
élève

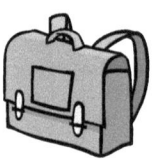

beg galas
cartable

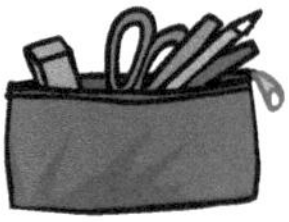

kotak pensel
trousse

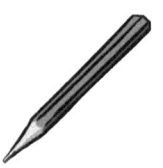

pensel
crayon

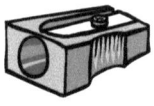

pengasah pensel
taille-crayon

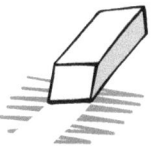

pemadam
gomme

kertas lukisan
carnet à dessin

melukis

dessin

berus lukis

pinceau

kotak warna

boîte de peinture

gunting

ciseaux

gam

colle

buku latihan

cahier d'exercices

kerja rumah

devoirs

nombor

chiffre

tambah

additionner

tolak

soustraire

darab

multiplier

kira

calculer

huruf

lettre

abjad

alphabet

kata

mot

teks

texte

baca

lire

kapur

craie

pelajaran

leçon

daftar

livre de classe

peperiksaan

examen

sijil

certificat

uniform sekolah

uniforme scolaire

pendidikan

formation

ensiklopedia

lexique

universiti

université

mikroskop

microscope

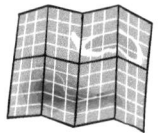

peta

carte

bakul sampah

corbeille à papier

berjalan
voyage

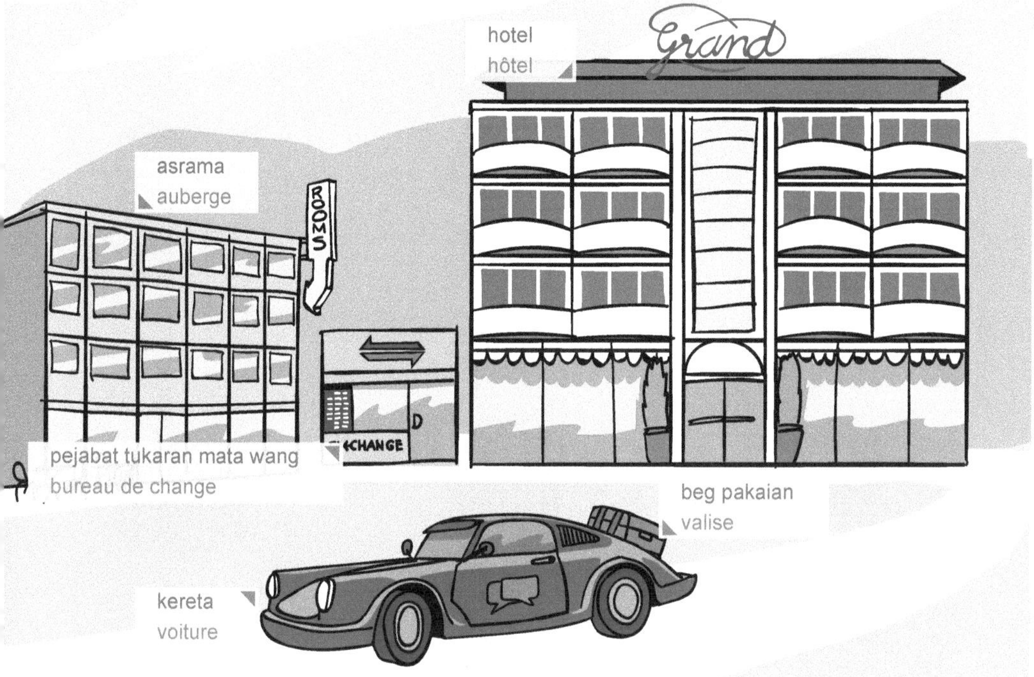
hotel
hôtel
Grand
asrama
auberge
ROOMS
CHANGE
pejabat tukaran mata wang
bureau de change
beg pakaian
valise
kereta
voiture

bahasa

langue

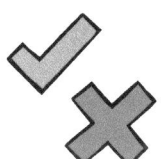

ya / tidak

oui / non

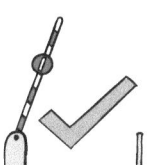

okey

d'accord

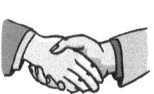

helo

Salut

penterjemah

interprète

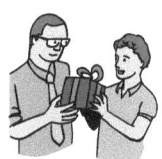

Terima kasih

merci

berapa banyak...?

Combien coûte...?

saya tidak faham

Je ne comprends pas

masalah

problème

Selamat petang!

Bonsoir !

Selamat Pagi!

Bonjour !

Selamat Malam!

Bonne nuit !

selamat tinggal

Au revoir

arah

direction

bagasi

bagages

beg

sac

beg galas

sac-à-dos

tetamu

hôte

bilik tidur

pièce

beg tidur

sac de couchage

khemah

tente

maklumat pelancong

office de tourisme

pantai

plage

kad kredit

carte de crédit

sarapan

petit-déjeuner

makan tengah hari

déjeuner

makan malam

dîner

tiket

billet

lif

ascenseur

setem

timbre

sempadan

frontière

kastam

douane

kedutaan

ambassade

visa

visa

pasport

passeport

pengangkutan
transport

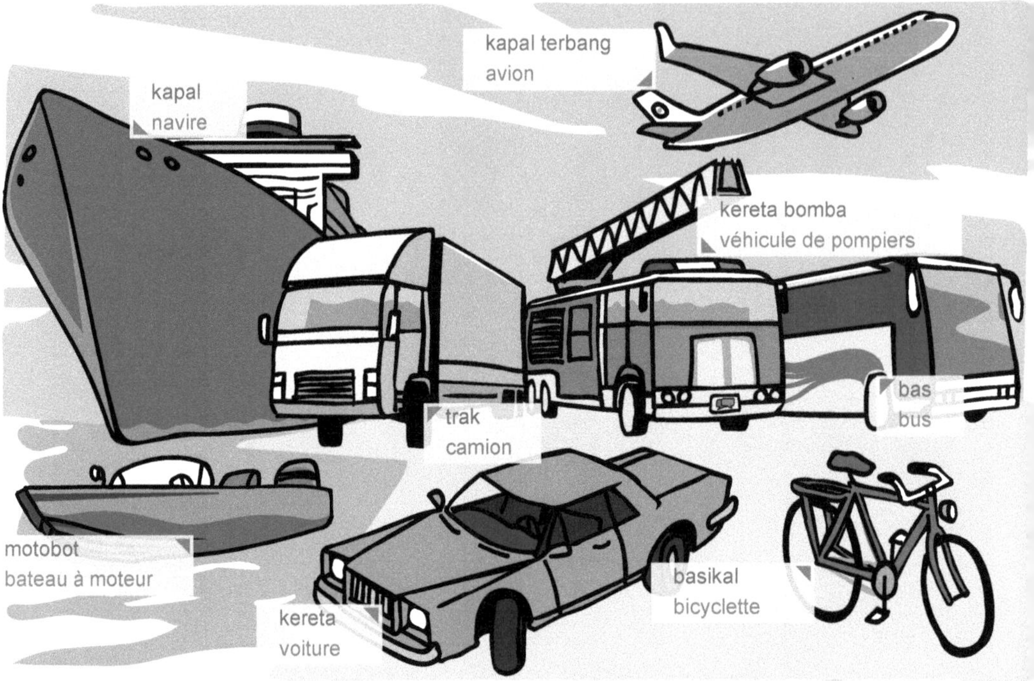
kapal terbang
avion
kapal
navire
kereta bomba
véhicule de pompiers
trak
camion
bas
bus
motobot
bateau à moteur
basikal
bicyclette
kereta
voiture

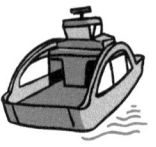

feri
ferry

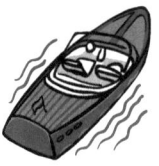

bot
barque

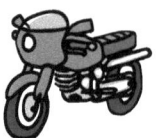

motosikal
moto

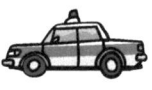

kereta polis
voiture de police

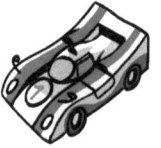

kereta lumba
voiture de course

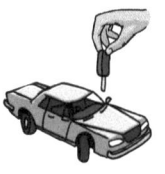

kereta sewa
voiture de location

berkongsi kereta

auto-partage

trak tunda

voiture de remorquage

trak menolak

benne à ordures

motor

moteur

bahan api

essence

stesen minyak

station d'essence

tanda trafik

panneau indicateur

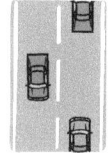

trafik

trafic

kesesakan lalu lintas

embouteillage

tempat parkir

parking

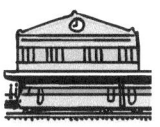

stesen kereta api

gare

trek

rails

kereta api

train

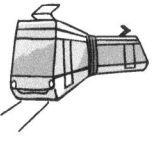

trem

tramway

gerabak

wagon

helikopter

hélicoptère

lapangan terbang

aéroport

Menara

tour

penumpang

passager

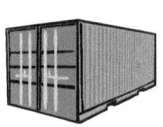

bekas

conteneur

kadbod

carton

kart

chariot

bakul

corbeille

berlepas / mendarat

décoller / atterrir

bandar

ville

kampung

village

pusat bandar

centre-ville

rumah

maison

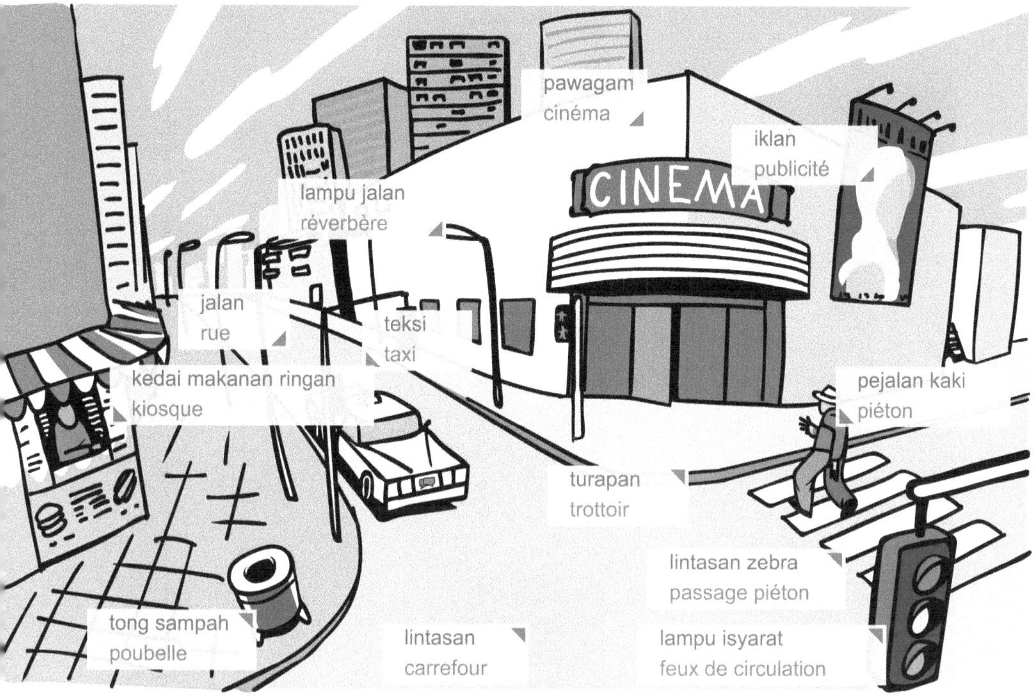

pawagam
cinéma

iklan
publicité

lampu jalan
réverbère

CINEMA

jalan
rue

teksi
taxi

kedai makanan ringan
kiosque

pejalan kaki
piéton

turapan
trottoir

lintasan zebra
passage piéton

tong sampah
poubelle

lintasan
carrefour

lampu isyarat
feux de circulation

pondok

cabane

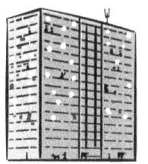

flat

appartement

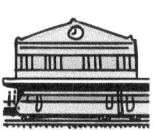

stesen kereta api

gare

dewan bandar

mairie

muzium

musée

sekolah

école

universiti

université

bank

banque

hospital

hôpital

hotel

hôtel

farmasi

pharmacie

pejabat

bureau

kedai buku

librairie

kedai

magasin

kedai bunga

fleuriste

pasar raya

supermarché

pasaran

marché

gedung

grand magasin

penjual ikan

poissonnerie

pusat membeli-belah

centre commercial

pelabuhan

port

taman
parc

bangku
banque

jambatan
pont

tangga
escaliers

bawah tanah
métro

terowong
tunnel

hentian bas
arrêt de bus

bar
bar

restoran
restaurant

peti surat
boîte à lettres

papan tanda jalan
panneau indicateur

meter parkir
parcmètre

zoo
zoo

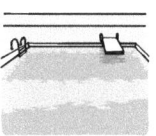

kolam renang
piscine

masjid
mosquée

ladang

ferme

pencemaran

pollution

tanah perkuburan

cimetière

gereja

église

taman permainan

aire de jeux

kuil

temple

landskap

paysage

daun
feuille

tiang tanda
panneau indicateur

jalan
chemin

padang rumput
pré

batu
pierre

pokok
arbre

pejalan kaki
randonneur

sungai
rivière

rumput
herbe

bunga
fleur

lembah

vallée

bukit

montagne

tasik

lac

hutan

forêt

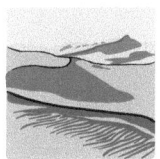

padang pasir

désert

gunung berapi

volcan

istana

château

pelangi

arc-en-ciel

cendawan

champignon

pokok kelapa sawit

palmier

nyamuk

moustique

terbang

mouche

semut

fourmis

lebah

abeille

labah-labah

araignée

kumbang

coléoptère

katak

grenouille

tupai

écureuil

landak

hérisson

arnab

lièvre

burung hantu

chouette

burung

oiseau

angsa

cygne

babi jantan

sanglier

rusa

cerf

moose

élan

empangan

barrage

turbin angin

éolienne

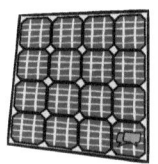

panel solar

panneau solaire

iklim

climat

pelayan
serveur

menu
menu

kerusi
chaise

sup
soupe

piza
pizza

kutleri
couverts

alas meja
nappe

pemula

hors d'œuvre

hidangan utama

plat principal

pencuci mulut

dessert

minuman

boissons

makanan

alimentation

botol

bouteille

makanan segera

fast-food

makanan jalanan

plats à emporter

teko

théière

mangkuk gula

sucrier

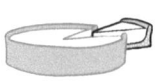

bahagian

portion

mesin espreso

machine à expresso

kerusi tinggi

chaise haute

bil

facture

dulang

plateau

pisau

couteau

garfu

fourchette

sudu

cuillère

sudu teh

cuillère à thé

serviette

serviette

gelas

verre

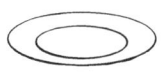

pinggan

assiette

mangkuk sup

assiette à soupe

piring

soucoupe

sos

sauce

tempat garam

salière

pengisar lada

moulin à poivre

cuka

vinaigre

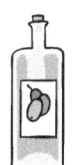

minyak

huile

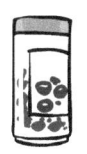

rempah

épices

sos

ketchup

mustard

moutarde

mayones

mayonnaise

pasar raya
supermarché

tawaran istimewa
offre promotionnelle
FOR
pelanggan
client
tenusu
produits laitiers
buah-buahan
fruits
troli
chariot

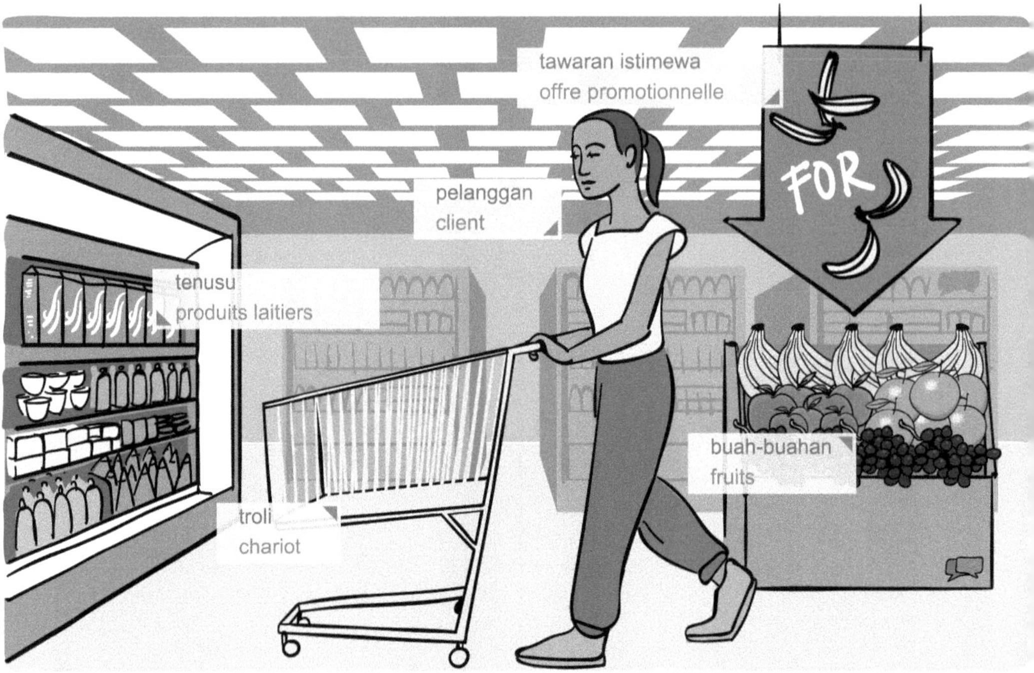

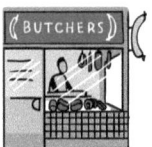

BUTCHERS
tukang daging

boucherie

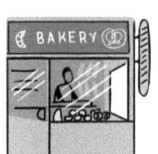

BAKERY
kedai roti

boulangerie

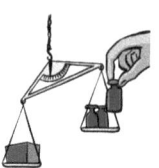

berat

peser

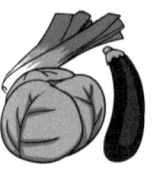

sayur-sayuran

légumes

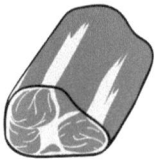

daging

viande

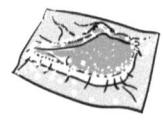

makanan sejuk beku

aliments surgelés

daging sejuk

charcuterie

makanan dalam tin

conserves

serbuk pencuci

poudre à lessive

gula-gula

bonbons

produk isi rumah

articles ménagers

produk pembersihan

détergents

orang jualan

vendeuse

daftar tunai

caisse

juruwang

caissier

senarai membeli-belah

liste d'achats

waktu pembukaan

heures d'ouverture

beg duit

portefeuille

kad kredit

carte de crédit

beg

sac

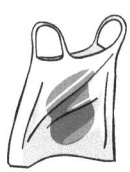

beg plastik

sac en plastique

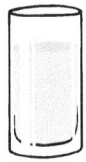

air
eau

jus
jus de fruit

susu
lait

kola
coca

wain
vin

bir
bière

alkohol
alcool

koko
chocolat chaud

the
thé

kopi
café

espreso
expresso

kapucino
cappuccino

pisang

banane

epal

pomme

oren

orange

tembikai

melon

lemon

citron

lobak merah

carotte

bawang putih

ail

buluh

bambou

bawang

oignon

cendawan

champignon

kacang

noisettes

mi

pâtes

spageti

spaghetti

nasi

riz

salad

salade

kerepek

pommes frites

kentang goreng

pommes de terre rôties

piza

pizza

hamburger

hamburger

sandwic

sandwich

kutlet

escalope

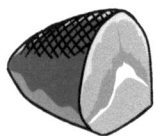

ham

jambon

salami

salami

sosej

saucisse

ayam

poulet

panggang

rôti

ikan

poisson

bubur oat

flocons d'avoine

muesli

muesli

emping jagung

cornflakes

tepung

farine

kroisan

croissant

roti roll

petits-pains

roti

pain

roti bakar

pain grillé

biskut

biscuits

mentega

beurre

dadih

le fromage blanc

kek

gâteau

telur

œuf

telur goreng

œuf au plat

keju

fromage

ais krim

glace

gula

sucre

madu

miel

jem

confiture

krim nougat

crème nougat

kari

curry

ladang
ferme

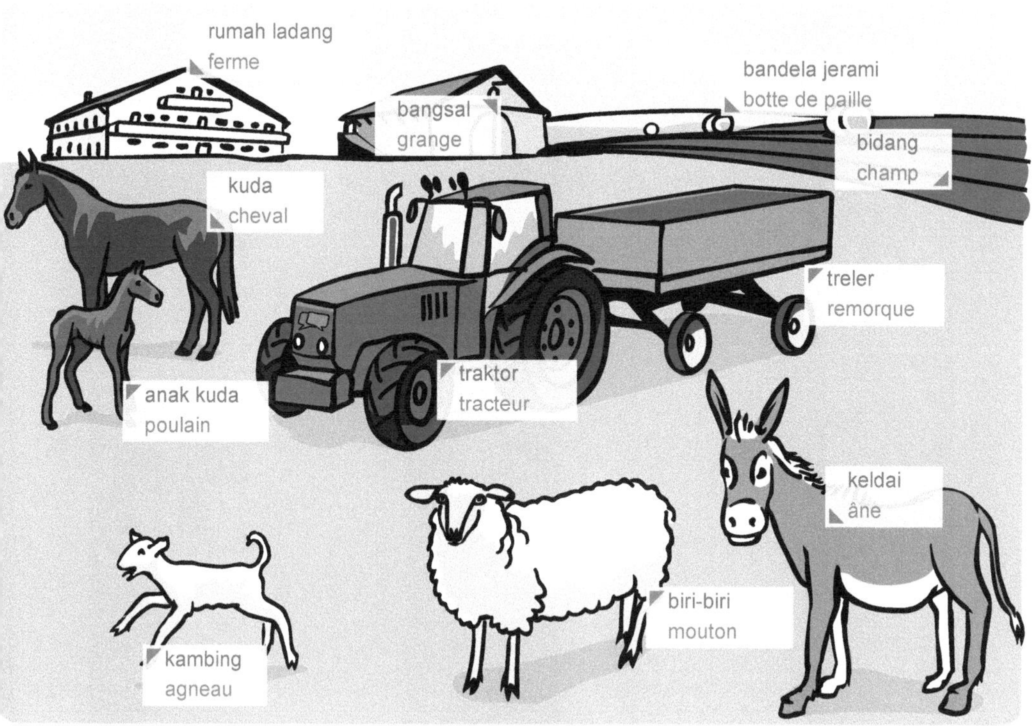

rumah ladang
ferme
bangsal
grange
bandela jerami
botte de paille
bidang
champ
kuda
cheval
treler
remorque
traktor
tracteur
anak kuda
poulain
keldai
âne
biri-biri
mouton
kambing
agneau

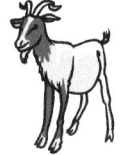

kambing
chèvre

lembu
vache

anak lembu
veau

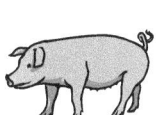

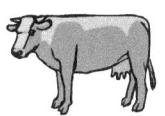

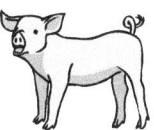

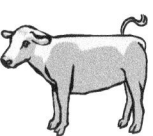

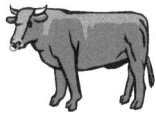

babi
porc

anak babi
porcelet

lembu
taureau

angsa

oie

itik

canard

anak ayam

poussin

ayam betina

poule

ayam jantan muda

coq

tikus

rat

kucing

chat

tikus

souris

lembu jantan

bœuf

anjing

chien

rumah anjing

chenil

hos taman

tuyau de jardin

bekas siraman

arrosoir

sabit

faucheuse

bajak

charrue

sabit

faucille

cangkul

pioche

serampang peladang

fourche

kapak

hache

kereta sorong

brouette

palung

cuve

tin susu

pot à lait

karung

sac

pagar

clôture

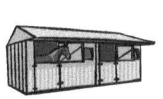

stabil

étable

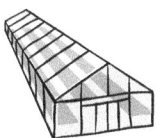

rumah hijau

serre

tanah

sol

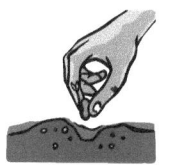

benih

semences

baja

engrais

jentuai

moissonneuse-batteuse

tuai

récolter

menuai

récolte

keladi

igname

gandum

blé

soya

soja

kentang

pomme de terre

jagung

maïs

biji sawi

colza

pokok buah-buahan

arbre fruitier

ubi kayu

manioc

bijirin

céréales

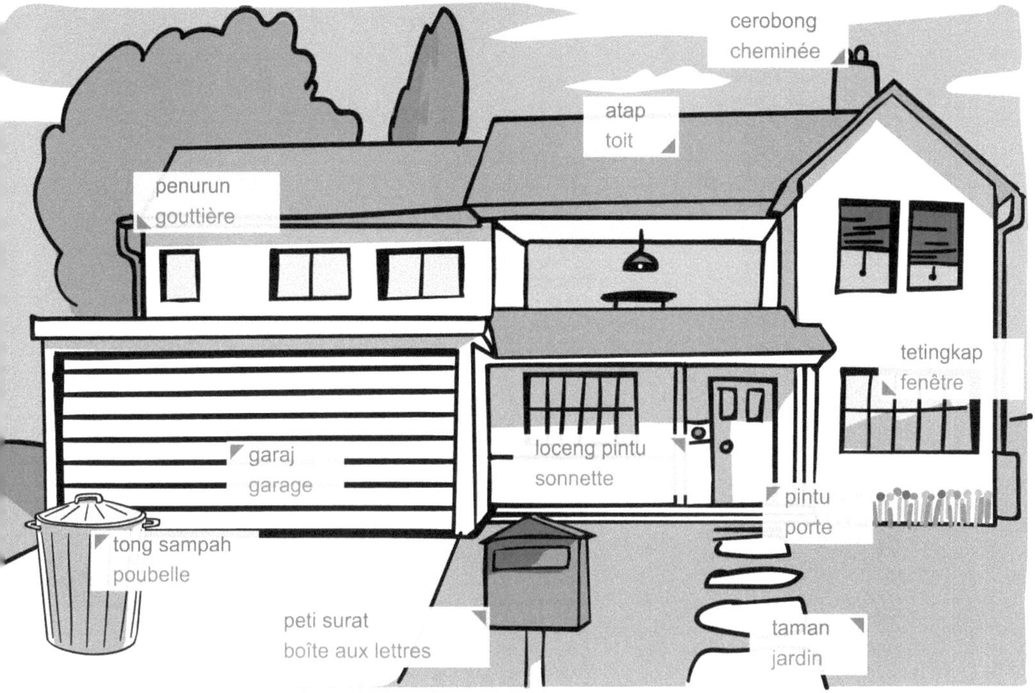

cerobong
cheminée

atap
toit

penurun
gouttière

tetingkap
fenêtre

garaj
garage

loceng pintu
sonnette

pintu
porte

tong sampah
poubelle

peti surat
boîte aux lettres

taman
jardin

ruang tamu
salon

bilik air
salle de bain

dapur
cuisine

bilik tidur
chambre à coucher

bilik kanak-kanak
chambre d'enfant

ruang makan
salle à manger

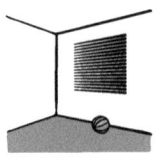

lantai

sol

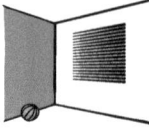

dinding

mur

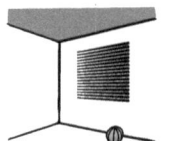

siling

plafond

bilik bawah tanah

cave

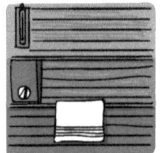

sauna

sauna

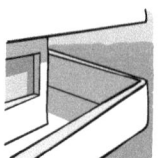

balkoni

balcon

teres

terrasse

kolam renang

piscine

pemotong rumput

tondeuse à gazon

lembaran

housse

penutup tilam

couette

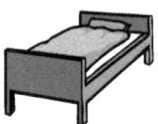

katil

lit

penyapu

balai

timba

sceau

suis

interrupteur

ruang tamu
salon

kertas dinding
papier peint
gambar
image
lampu
lampe
rak
étagère
kabinet
armoire
televisyen
télé
pendiangan
cheminée
bunga
fleur
kusyen
coussin
sofa
sofa
pasu
vase
alat kawalan jauh
télécommande

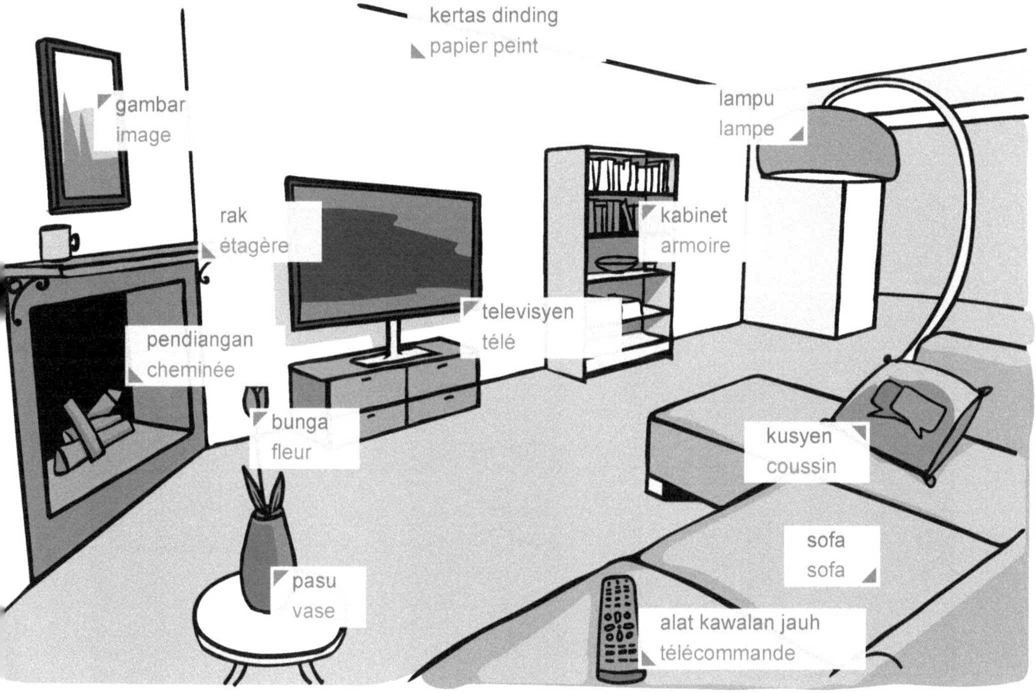

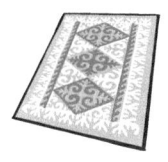

permaidani
tapis

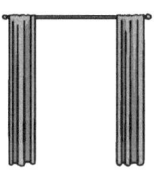

tirai
rideau

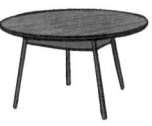

meja
table

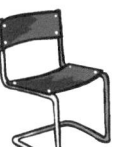

kerusi
chaise

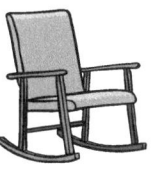

kerusi malas
chaise à bascule

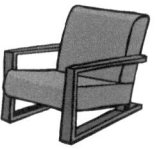

kerusi
fauteuil

buku

livre

selimut

couverture

hiasan

décoration

kayu api

bois de chauffage

filem

film

hi-fi

chaîne hi-fi

kunci

clé

akhbar

journal

lukisan

peinture

poster

poster

radio

radio

buku catatan

bloc-notes

penyedut habuk

aspirateur

kaktus

cactus

lilin

bougie

dapur
cuisine

peti sejuk
réfrigérateur
ketuhar gelombang mikro
four à micro-ondes
penimbang dapur
balance de cuisine
pembakar roti
grille-pain
bahan pencuci
détergent
oven
four
penyejuk beku
compartiment congélateur
tong sampah
poubelle
pembasuh pinggan mangkuk
lave-vaisselle

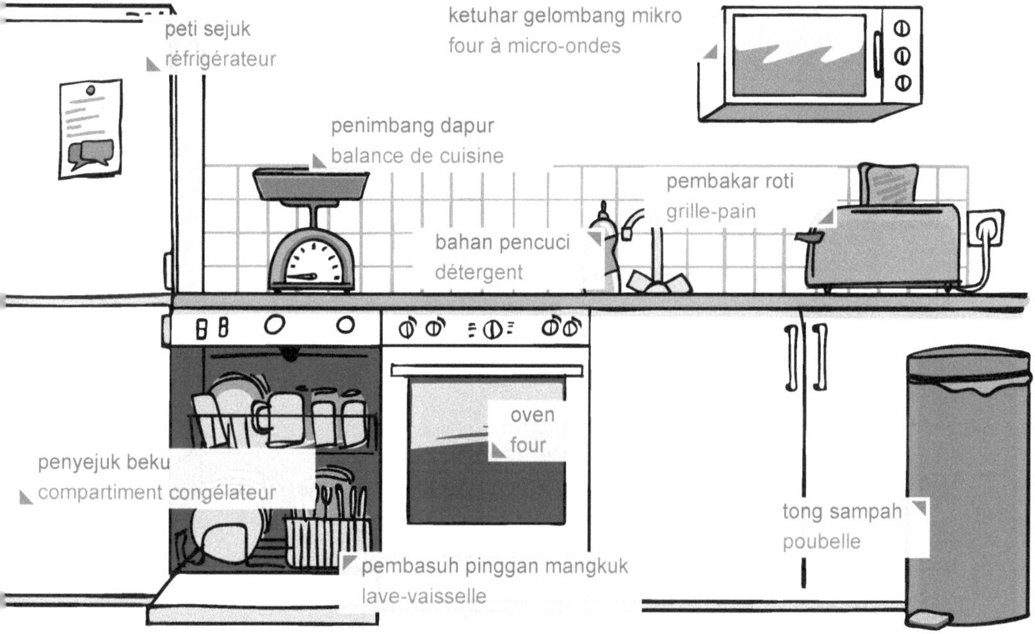

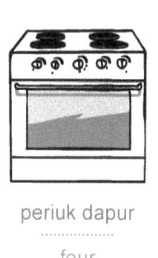

periuk dapur

four

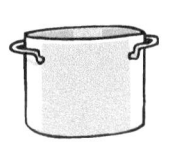

periuk

casserole

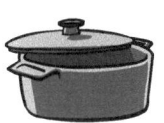

periuk besi

marmite

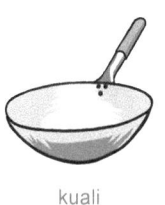

kuali

wok / kadai

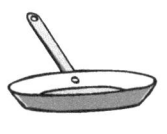

pan

poêle

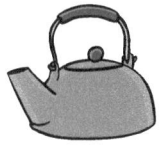

cerek

bouilloire electrique

pengukus

cuiseur vapeur

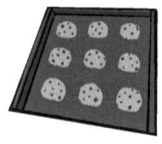

dulang pembakar

plaque de cuisson

pinggan mangkuk

vaisselle

koleh

gobelet

mangkuk

coupe

penyepit

baguettes

senduk

louche

spatula

spatule

pengadun

fouet

penapis

passoire

ayak

tamis

pemarut

râpe

mortar

mortier

barbeku

barbecue

pembakaran terbuka

cheminée

papan pencincang

planche à découper

pin golekan

rouleau à pâtisserie

skru gabus

tire-bouchon

tin

boîte

pembuka tin

ouvre-boîte

pemegang periuk

maniques

sinki

lavabo

berus

brosse

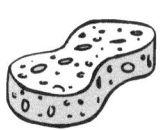

span

éponge

pengisar

mixeur

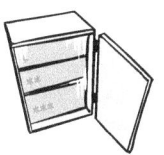

penyejuk beku

congélateur

botol bayi

biberon

paip

robinet

salle de bain

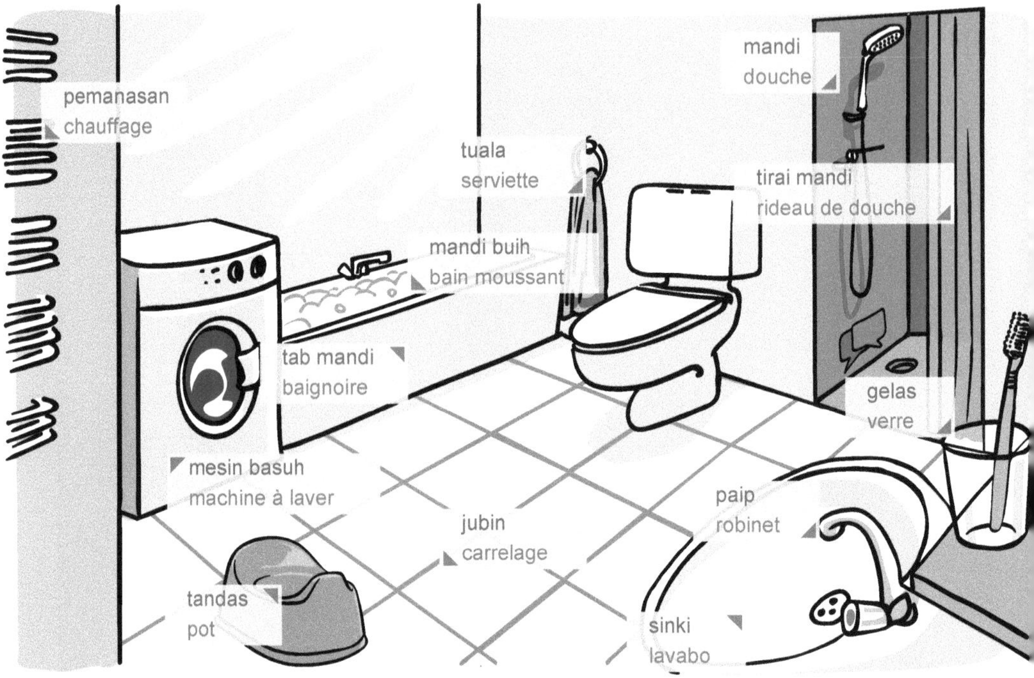

pemanasan
chauffage

mandi
douche

tuala
serviette

tirai mandi
rideau de douche

mandi buih
bain moussant

tab mandi
baignoire

gelas
verre

mesin basuh
machine à laver

jubin
carrelage

paip
robinet

tandas
pot

sinki
lavabo

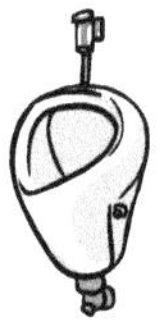

tandas	tandas mencangkung	mangkuk tandas
toilettes	toilette à la turque	bidet
tandas awam	kertas tandas	berus tandas
urinoir	papier toilette	brosse à toilette

berus gigi

brosse à dents

ubat gigi

dentifrice

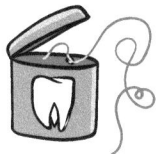

flos gigi

fil dentaire

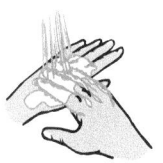
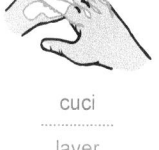

cuci

laver

mandian tangan

douche manuelle

pancuran

douche intime

besen

vasque

belakang berus

brosse dorsale

sabun

savon

gel mandian

gel douche

syampu

shampooing

flanel

gant de toilette

longkang

écoulement

krim

crème

deodoran

déodorant

cermin

miroir

cermin tangan

miroir cosmétique

pisau cukur

rasoir

busa cukur

mousse à raser

selepas cukur

après-rasage

sikat

peigne

berus

brosse

pengering rambut

sèche-cheveux

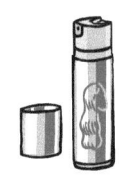

semburan rambut

laque pour cheveux

mekap

fond de teint

gincu

rouge à lèvres

varnis kuku

vernis à ongles

bulu kapas

ouate

gunting kuku

coupe-ongles

pewangi

parfum

beg basuhan

trousse de toilette

bangku

tabouret

skala berat

pèse-personne

jubah mandi

peignoir

sarung tangan getah

gants de nettoyage

kapas

tampon

tuala wanita

serviettes hygiéniques

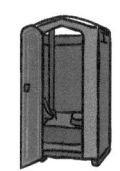

tandas kimia

toilette chimique

bilik kanak-kanak
chambre d'enfant

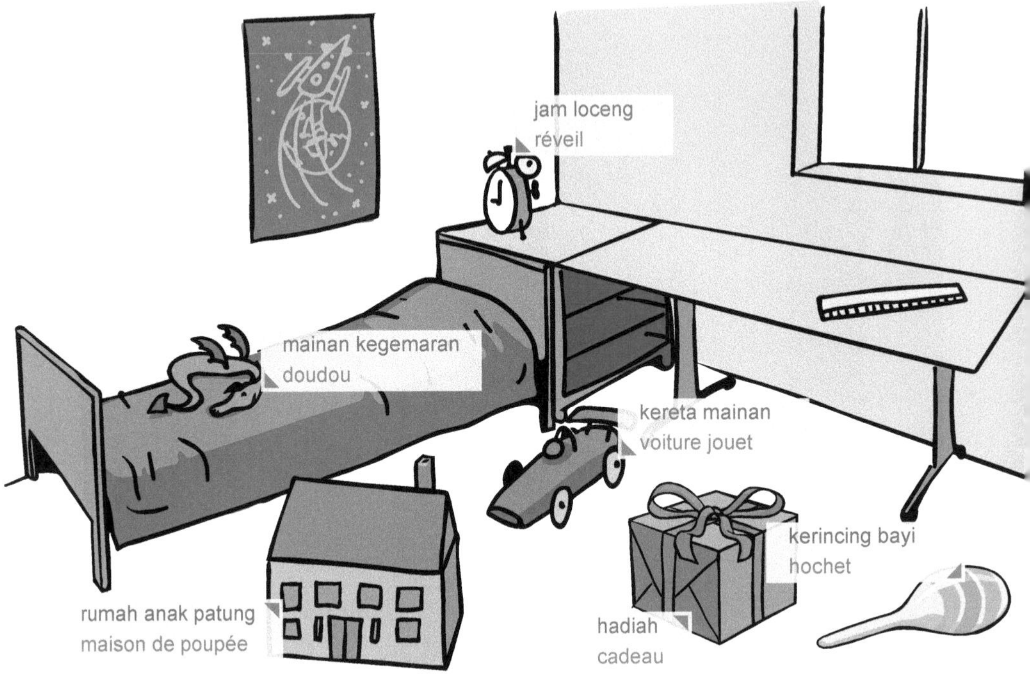
jam loceng
réveil
mainan kegemaran
doudou
kereta mainan
voiture jouet
kerincing bayi
hochet
rumah anak patung
maison de poupée
hadiah
cadeau

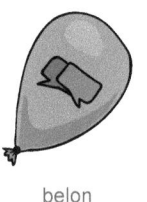

belon
ballon

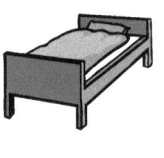

katil
lit

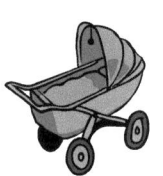

kereta sorong bayi
poussette

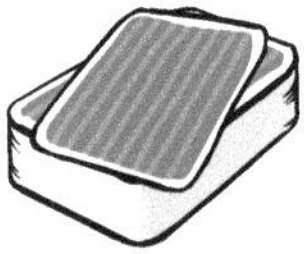

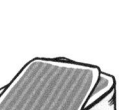

set kad
jeu de cartes

susun suai gambar
puzzle

SUPER
MEGA

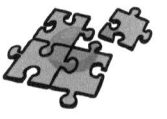

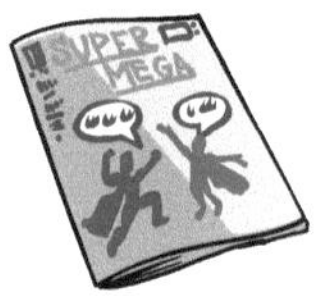

komik
bande dessinée

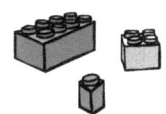

batu bata lego

pièces lego

blok mainan

blocs de construction

figura aksi

figurine

baju bayi

grenouillère

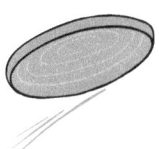

frisbee

frisbee

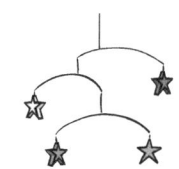

mainan bayi mudah alih

mobile

permainan papan

jeu de société

dadu

dé

set model kereta api

train miniature

palsu

sucette

parti

fête

buku bergambar

livre d'images

bola

balle

anak patung

poupée

main

jouer

lubang pasir

bac à sable

buai

balançoire

mainan

jouets

konsol permainan video

console de jeu

basikal roda tiga

tricycle

anak patung beruang

ours en peluche

almari pakaian

armoire

pakaian

vêtements

stoking

chaussettes

stoking

bas

ketat

collant

skarf
écharpe

g/keselamatan

payung
parapluie

kemeja-t
t-shirt

but
bottes

selipar
pantoufles

kasut sukan
baskets

sandal
sandales

kasut
chaussures

but getah
bottes de caoutchouc

seluar dalam
sous-vêtements

coli
soutien-gorge

ves
maillot de corps

pakaian - vêtements

badan
body

Seluar panjang
pantalon

jean
jean

skirt
jupe

blaus
chemisier

kemeja
chemise

baju panas sarung
pull

sweater
sweat à capuche

blazer
veste

jaket
veste

kot
manteau

baju hujan
imperméable

kostum
costume

pakaian
robe

baju pengantin
robe de mariée

sut

costume

baju tidur

chemise de nuit

baju tidur

pyjama

sari

sari

skarf kepala

foulard

serban

turban

burqa

burqa

kaftan

caftan

abaya/jubah

abaya

baju renang

maillot de bain

seluar renang

maillot de bain

seluar pendek

short

sut balapan

tenue d'entraînement

apron

tablier

sarung tangan

gants

butang
bouton

cermin mata
lunettes

gelang tangan
bracelet

rantai leher
collier

cincin
bague

subang
boucle d'oreille

topi
bonnet

penyangkut kot
cintre

topi
chapeau

tali leher
cravate

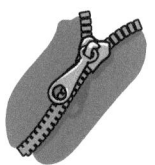

zip
fermeture éclair

topi keledar
casque

pendakap
bretelles

uniform sekolah
uniforme scolaire

seragam
uniforme

lapik dada

bavoir

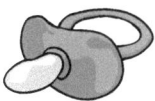

palsu

sucette

lampin

lange

pejabat
bureau

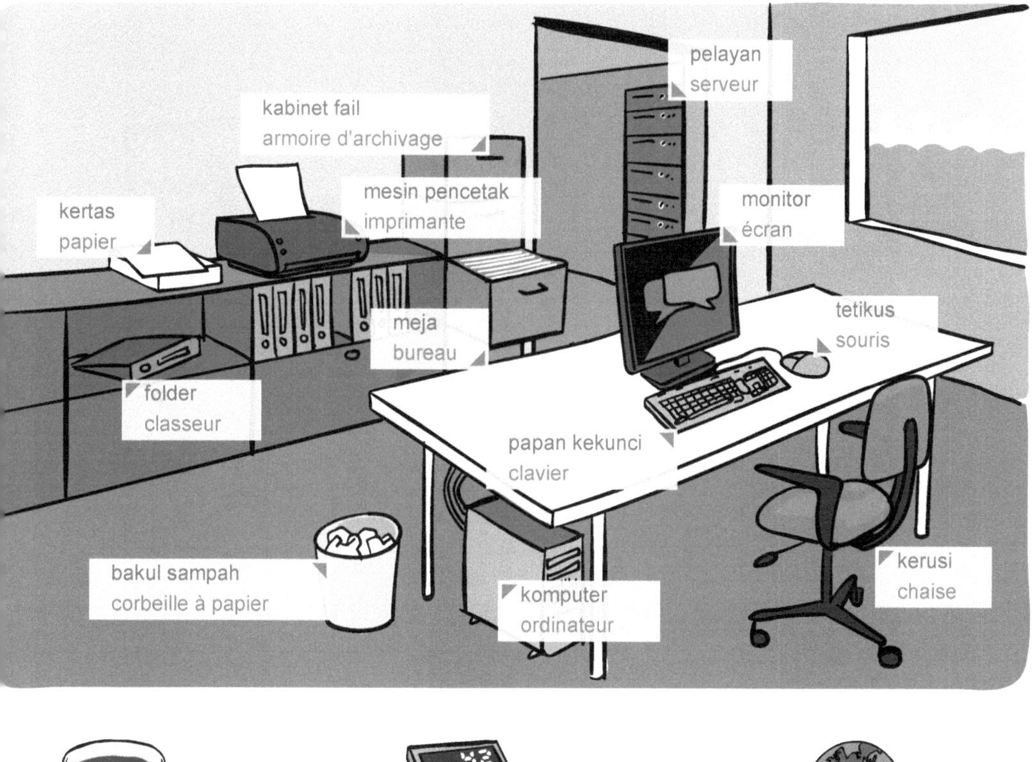

pelayan
serveur

kabinet fail
armoire d'archivage

mesin pencetak
imprimante

monitor
écran

kertas
papier

tetikus
souris

meja
bureau

folder
classeur

papan kekunci
clavier

bakul sampah
corbeille à papier

kerusi
chaise

komputer
ordinateur

cawan kopi

tasse de café

kalkulator

calculatrice

internet

internet

komputer riba

ordinateur portable

surat

lettre

mesej

message

mudah alih

portable

rangkaian

réseau

mesin fotokopi

photocopieuse

perisian

logiciel

telefon

téléphone

soket plag

prise

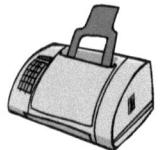

mesin faks

fax

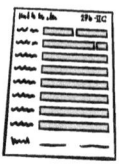

bentuk

formulaire

dokumen

document

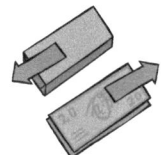

beli

acheter

bayar

payer

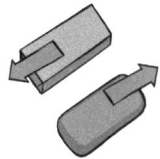

berdagang

faire du commerce

wang

monnaie

dolar

dollar

euro

euro

yen

yen

rubel

rouble

franc swiss

franc suisse

renminbi yuan

renminbi yuan

rupee

roupie

mata tunai

distributeur automatique

pejabat tukaran mata wang

bureau de change

emas

or

perak

argent

minyak

pétrole

tenaga

énergie

harga

prix

kontrak

contrat

cukai

taxe

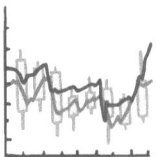

stok

action

kerja

travailler

pekerja

employé

majikan

employeur

kilang

usine

kedai

magasin

pekerjaan
professions

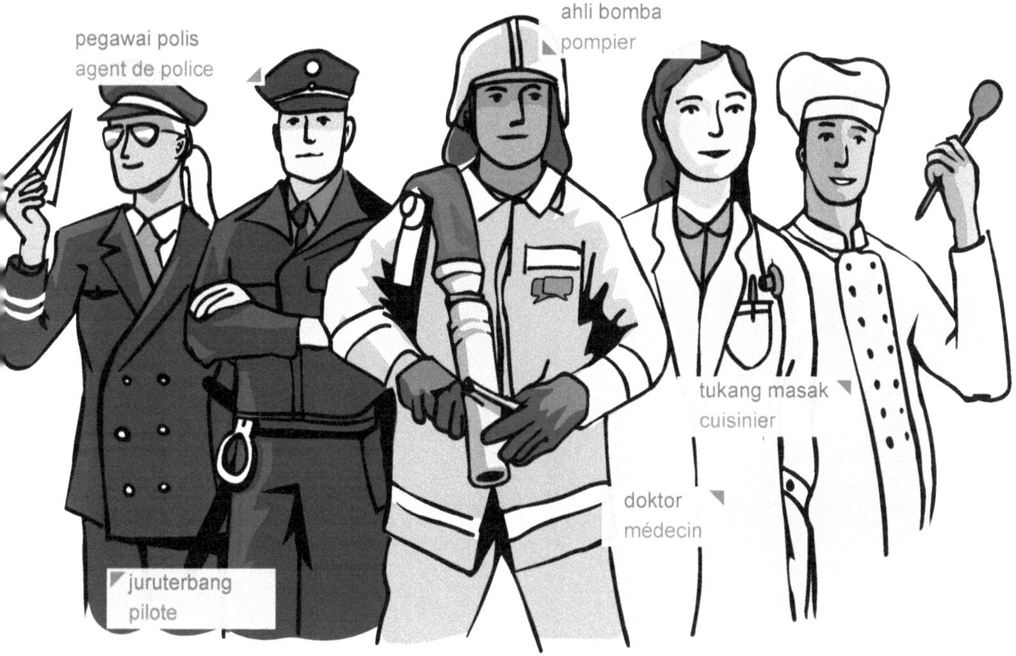

pegawai polis
agent de police
ahli bomba
pompier
tukang masak
cuisinier
doktor
médecin
juruterbang
pilote

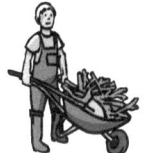

tukang kebun

jardinier

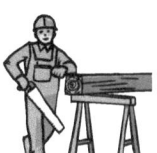

tukang kayu

menuisier

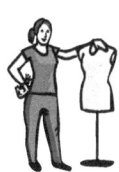

tukang jahit

couturière

hakim

juge

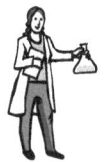

ahli kimia

chimiste

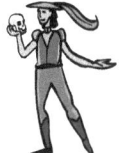

pelakon

acteur

pemandu bas

conducteur de bus

pemandu teksi

chauffeur de taxi

nelayan

pêcheur

wanita pencuci

femme de ménage

kasau

couvreur

pelayan

serveur

pemburu

chasseur

pelukis

peintre

bakeri

boulanger

juruelektrik

électricien

pembangun

ouvrier

jurutera

ingénieur

penjual daging

boucher

tukang paip

plombier

posmen

facteur

askar

soldat

arkitek

architecte

juruwang

caissier

kedai bunga

fleuriste

pendandan rambut

coiffeur

konduktor

contrôleur

mekanik

mécanicien

kapten

capitaine

doktor gigi

dentiste

ahli sains

scientifique

tuhanku

rabbin

imam

imam

sami

moine

paderi

prêtre

alat
outils

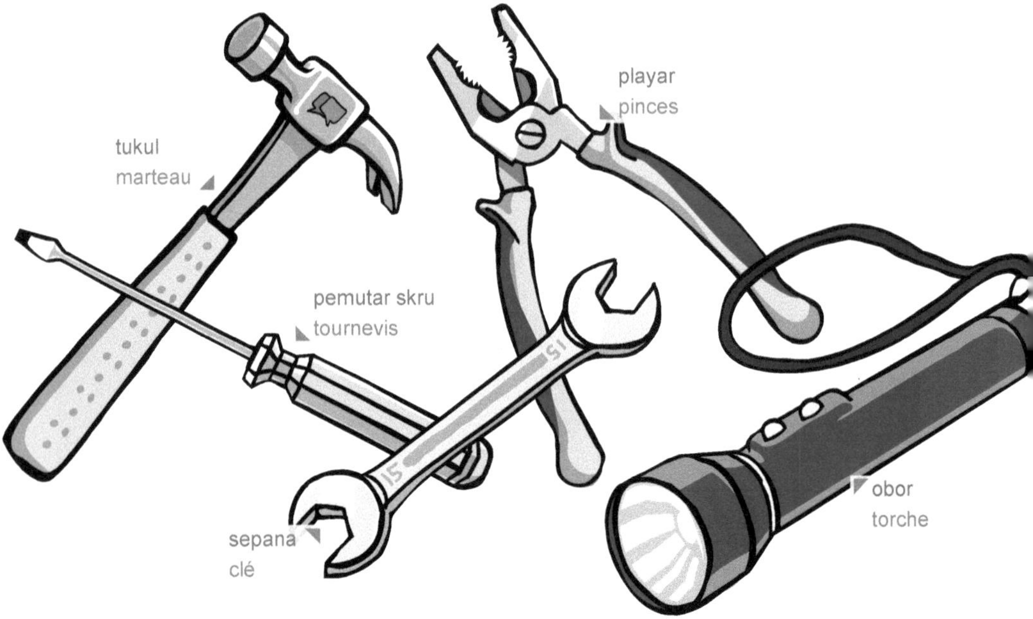

tukul
marteau
playar
pinces
pemutar skru
tournevis
sepana
clé
obor
torche

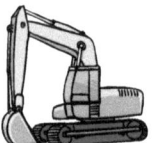

pengorek
pelleteuse

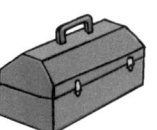

kotak peralatan
boîte à outils

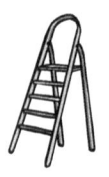

tangga
échelle

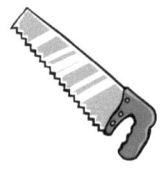

gergaji
scie

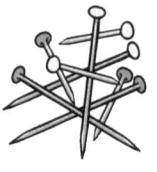

kuku
clous

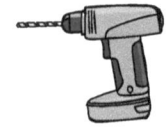

gerudi
perceuse

baiki

réparer

penyodok

pelle

Celaka!

Mince !

penadah sampah

pelle

periuk cat

pot de peinture

skru

vis

alat muzik

instruments de musique

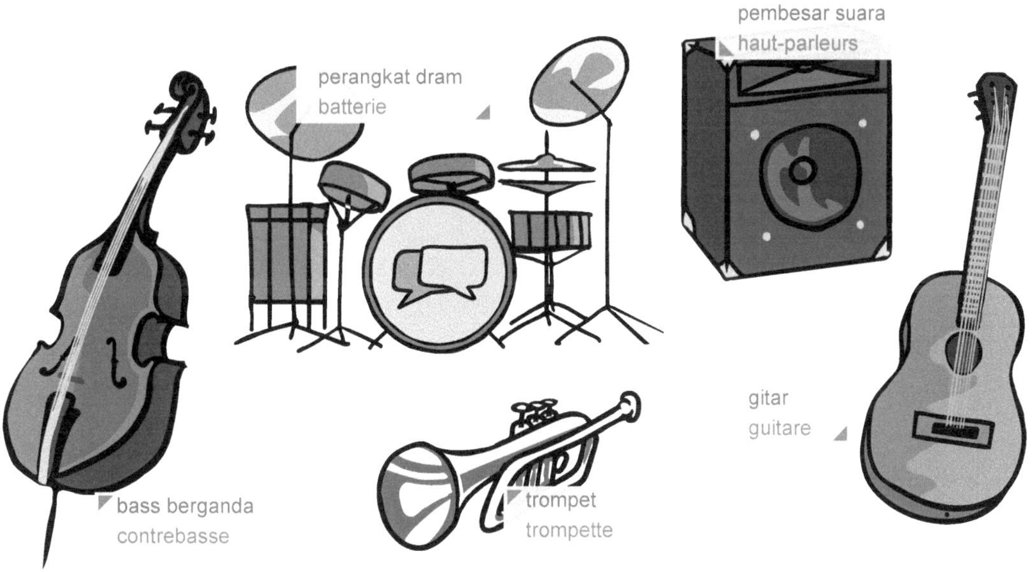

pembesar suara
haut-parleurs

perangkat dram
batterie

gitar
guitare

bass berganda
contrebasse

trompet
trompette

piano
piano

biola
violon

bass
basse

timpani
timbales

dram
tambour

papan kekunci
piano électrique

saksofon
saxophone

seruling
flûte

mikrofon
microphone

ZOO

ZOO

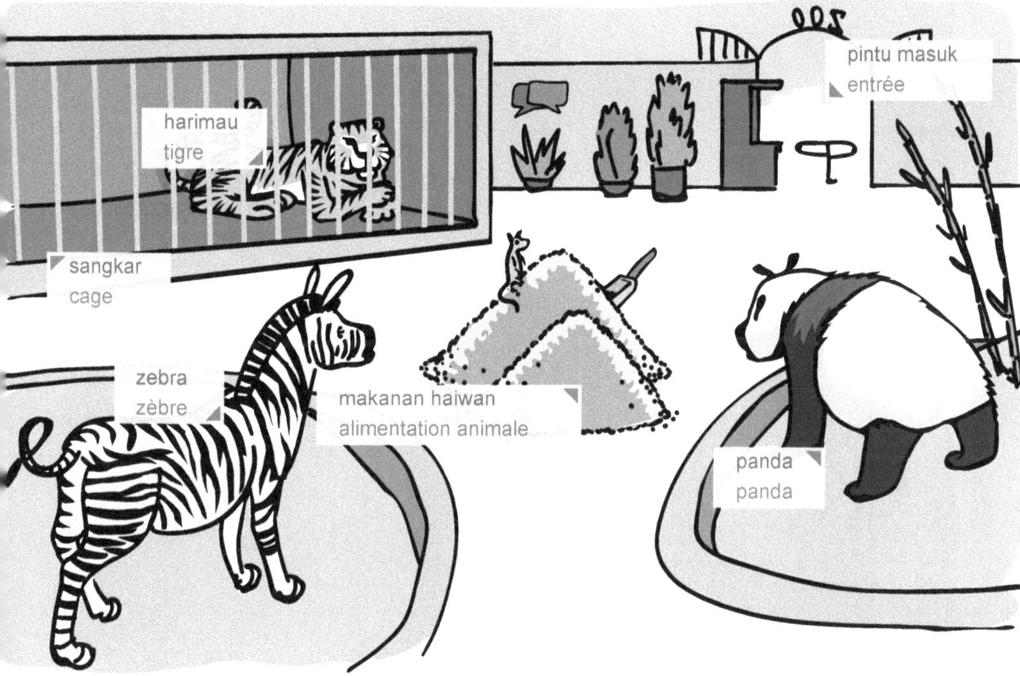

pintu masuk
entrée
harimau
tigre
sangkar
cage
zebra
zèbre
makanan haiwan
alimentation animale
panda
panda

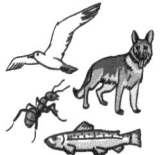

haiwan

animaux

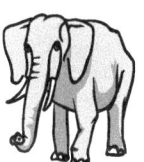

gajah

éléphant

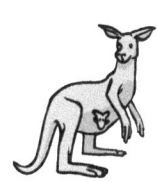

kanggaru

kangourou

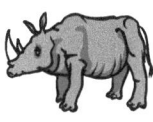

badak sumbu

rhinocéros

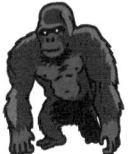

gorila

gorille

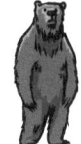

beruang

ours

unta

chameau

burung unta

autruche

singa

lion

monyet

singe

flamingo

flamand rose

nuri

perroquet

beruang kutub

ours polaire

penguin

pingouin

yu

requin

merak

paon

ular

serpent

buaya

crocodile

penjaga zoo

gardien de zoo

anjing laut

phoque

jaguar

jaguar

kuda

poney

harimau

léopard

badak air

hippopotame

zirafah

girafe

helang

aigle

babi jantan

sanglier

ikan

poisson

penyu

tortue

anjing laut

morse

musang

renard

rusa

gazelle

bola sepak Amerika
american Football

berbasikal
cyclisme

tenis
tennis

bola keranjang
basket-ball

renang
natation

tinju
boxe

hoki ais
hockey sur glace

bola sepak
football

badminton
badminton

olahraga
athlétisme

bola baling
handball

ski
ski

polo
polo

lompat
sauter

peluk
embrasser

ketawa
rire

berjalan
marcher

menyanyi
chanter

berdoa
prier

cium
faire la bise

mimpi
rêver

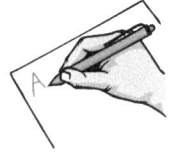

tulis

écrire

lukis

dessiner

tunjuk

montrer

tolak

pousser

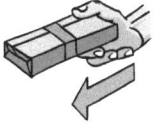

beri

donner

ambil

prendre

ada
avoir

buat
faire

ialah
être

berdiri
être debout

lari
courir

tarik
trier

buang
jeter

jatuh
tomber

tipu
être couché

tunggu
attendre

bawa
porter

duduk
être assis

pakai
s'habiller

tidur
dormir

bangkit
se réveiller

lihat pada
regarder

menangis
pleurer

strok
caresser

sikat
peigner

cakap
parler

faham
comprendre

tanya
demander

dengar
écouter

minum
boire

makan
manger

mengemas
ranger

sayang
aimer

masak
cuire

pandu
conduire

terbang
voler

aktiviti - activités

belayar

faire de la voile

kira

calculer

baca

lire

belajar

apprendre

kerja

travailler

nikah

se marier

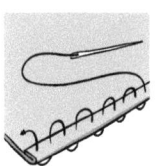

jahit

coudre

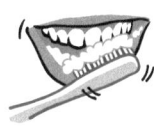

memberus gigi

brosser les dents

bunuh

tuer

asap

fumer

hantar

envoyer

keluarga
famille

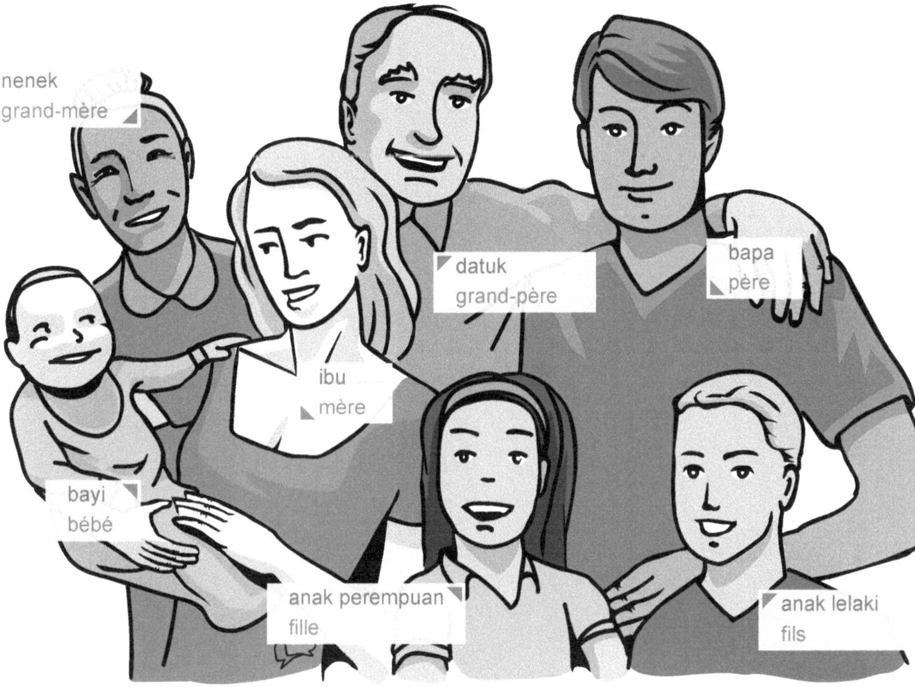
nenek
grand-mère
datuk
grand-père
bapa
père
ibu
mère
bayi
bébé
anak perempuan
fille
anak lelaki
fils

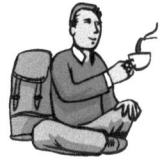

tetamu

hôte

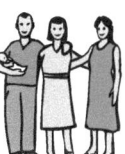

mak cik

tante

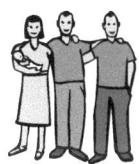

pak cik

oncle

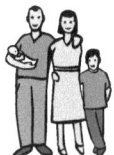

abang

frère

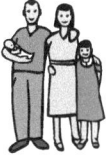

kakak

sœur

badan

corps

dahi
front
mata
œil
bahu
épaule
jari
doigt
muka
visage
dagu
menton
tangan
main
kaki
jambe
dada
poitrine
lengan
bras

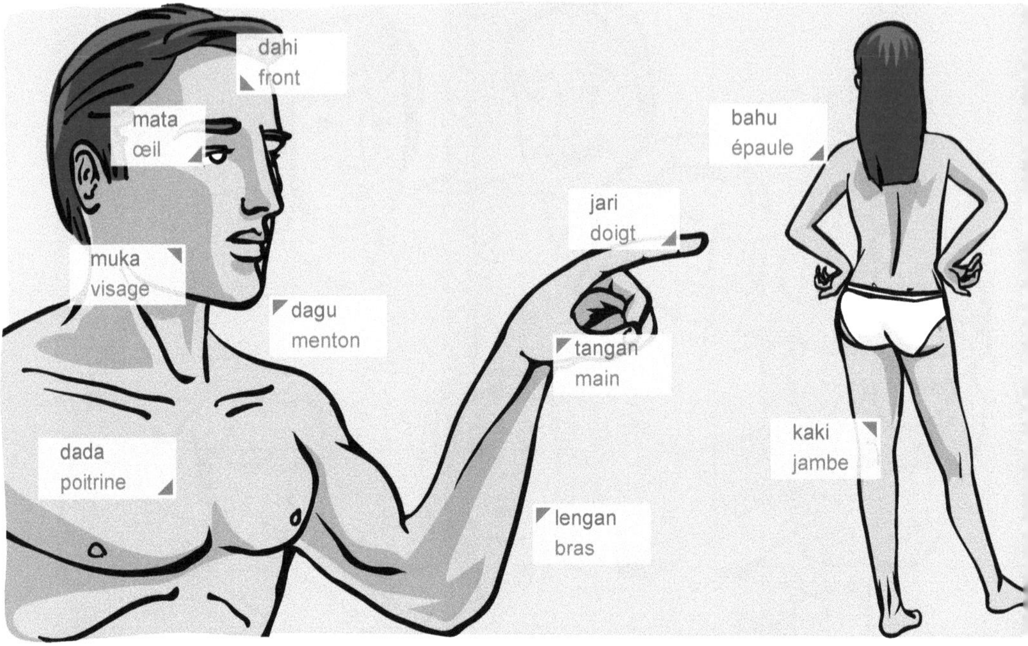

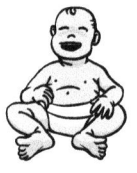

bayi

bébé

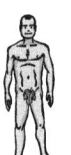

lelaki

homme

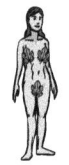

wanita

femme

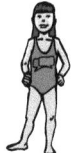

perempuan

fille

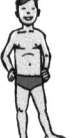

lelaki

garçon

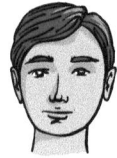

kepala

tête

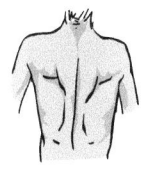

belakang
dos

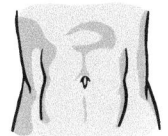

bawah perut
ventre

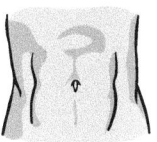

pusat
nombril

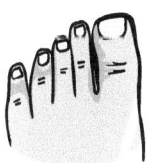

jari kaki
orteil

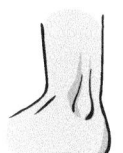

tumit
talon

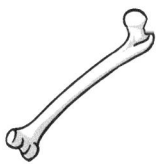

tulang
os

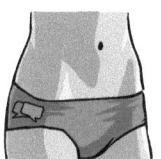

pinggul
hanche

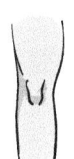

lutut
genou

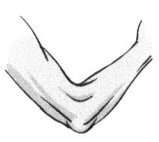

siku
coude

hidung
nez

bawah
fesses

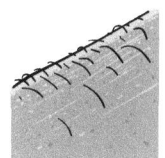

kulit
peau

pipi
joue

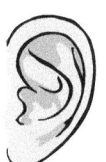

telinga
oreille

bibir
lèvre

mulut

bouche

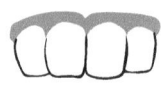

gigi

dent

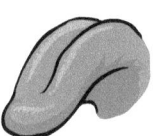

lidah

langue

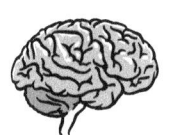

otak

cerveau

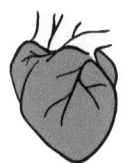

hati

cœur

otot

muscle

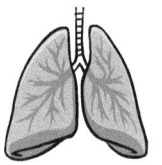

paru-paru

poumons

hati

foie

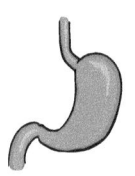

perut

estomac

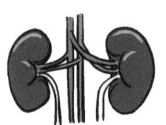

buah pinggang

reins

seks

rapport sexuel

kondom

préservatif

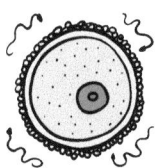

faraj

ovule

mani

sperme

mengandung

grossesse

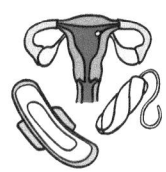

haid
menstruation

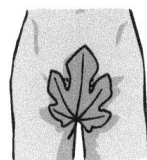

faraj
vagin

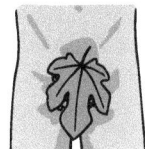

penis
pénis

kening
sourcil

rambut
cheveux

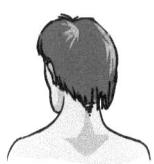

leher
cou

hospital
hôpital

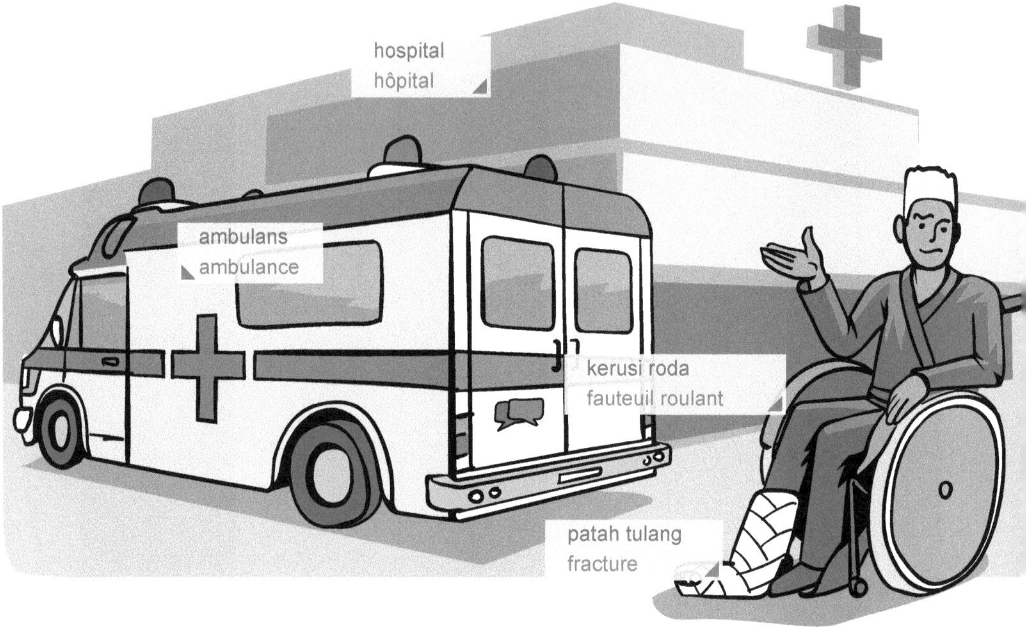

hospital
hôpital
ambulans
ambulance
kerusi roda
fauteuil roulant
patah tulang
fracture

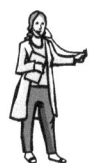

doktor

médecin

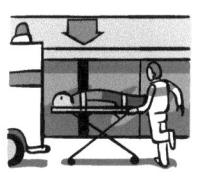

bilik kecemasan

service des urgences

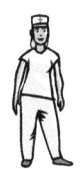

jururawat

infirmière

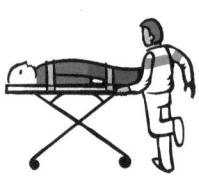

kecemasan

urgence

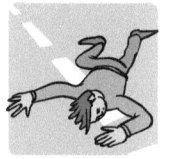

tak sedar

inconscient

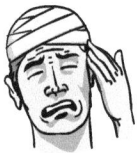

sakit

douleur

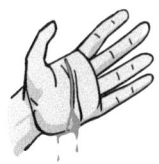

kecederaan

blessure

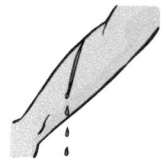

pendarahan

hémorragie

serangan jantung

crise cardiaque

strok

attaque cérébrale

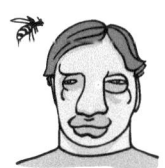

alergi

allergie

batuk

toux

demam

fièvre

selesema

grippe

cirit-birit

diarrhée

sakit kepala

mal de tête

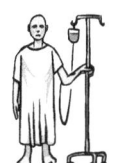

kanser

cancer

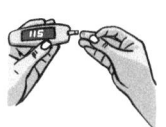

diabetes

diabète

pakar bedah

chirurgien

pisau bedah

scalpel

pembedahan

opération

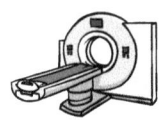

CT
CT

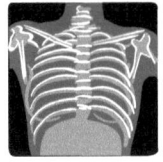

x-ray
radiographie

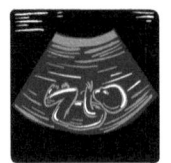

ultrabunyi
échographie

topeng muka
masque

penyakit
maladie

bilik menunggu
salle d'attente

penongkat
béquille

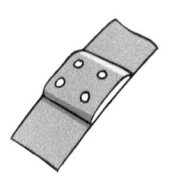

plaster
pansement

pembalut
pansement

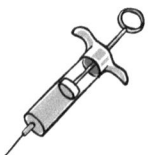

suntikan
injection

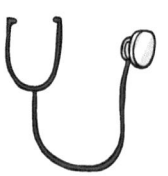

stetoskop
stéthoscope

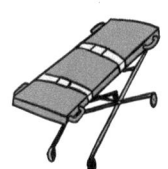

pengusung
brancard

termometer klinik
thermomètre

kelahiran
accouchement

berat badan berlebihan
surcharge pondérale

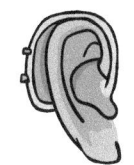

alat pendengaran

appareil auditif

disinfektan

désinfectant

jangkitan

infection

virus

virus

HIV / AIDS

VIH / sida

perubatan

médicament

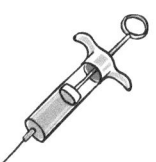

vaksinasi

vaccination

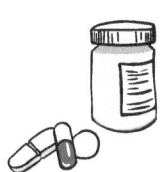

tablet

comprimés

pil

pilule

panggilan kecemasan

appel d'urgence

pantau tekanan darah

tensiomètre

sakit / sihat

malade / sain

Tolong!

Au secours !

penggera

alarme

serang

assaut

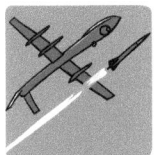

serangan

attaque

bahaya

danger

pintu kecemasan

sortie de secours

Api!

Au feu!

alat pemadam api

extincteur

kemalangan

accident

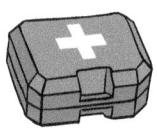

alat pertolongan cemas

trousse de premier secours

SOS

SOS

polis

police

Eropah

Europe

Amerika Utara

Amérique du Nord

Amerika Selatan

Amérique du Sud

Afrika

Afrique

Asia

Asie

Australia

Australie

Atlantic

Océan atlantique

Pasifik

Océan pacifique

Lautan Hindi

Océan indien

Lautan Antartik

Océan antarctique

Lautan Artik

Océan arctique

Kutub utara

pôle nord

Kutub Selatan

pôle sud

Antartika

Antarctique

bumi

terre

tanah

pays

laut

mer

pulau

île

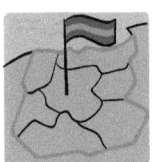

negara

nation

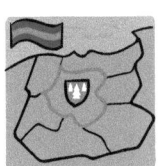

negeri

état

muka jam

cadran

tangan jam

aiguille des heures

tangan minit

aiguille des minutes

terpakai

aiguille des secondes

Jam berapa sekarang

Quelle heure est-il ?

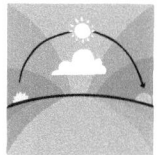

hari

jour

masa

temps

sekarang

maintenant

jam digital

montre digitale

minit

minute

jam

heure

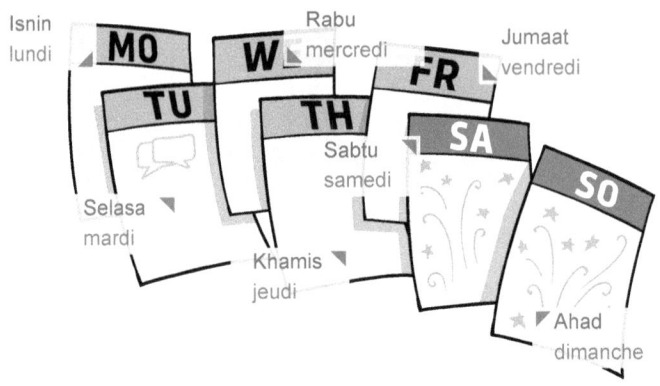

Isnin
lundi

Rabu
mercredi

Jumaat
vendredi

Selasa
mardi

Sabtu
samedi

Khamis
jeudi

Ahad
dimanche

semalam

hier

hari ini

aujourd'hui

esok

demain

pagi

matin

tengah hari

midi

petang

soir

hari kerja

jours ouvrables

hari minggu

week-end

hujan
pluie

pelangi
arc-en-ciel

salji
neige

angin
vent

musim bunga
printemps

musim panas
été

musim luruh
automne

musim salji
hiver

4.APRIL	11°	☀
5.APRIL	4°	⛅
6.APRIL	13°	☂
7.APRIL	8°	☀
8.APRIL	10°	☀

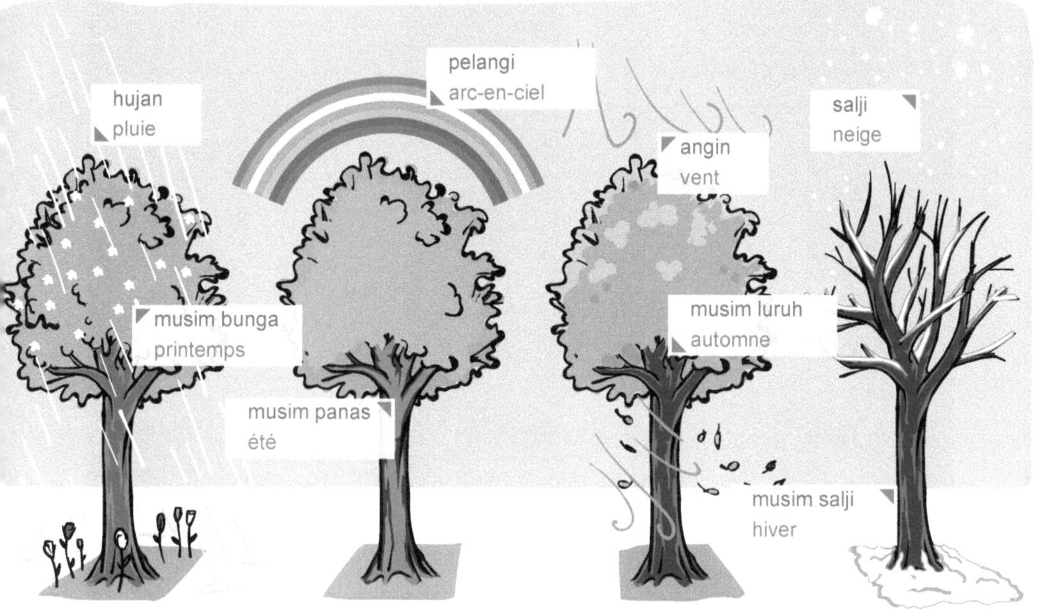

ramalan cuaca

météo

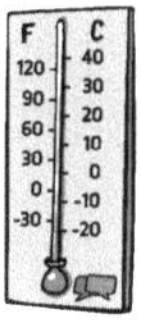

termometer

thermomètre

sinar matahari

lumière du soleil

awan

nuage

kabus

brouillard

lembapan

humidité

kilat

foudre

petir

tonnerre

ribut

tempête

hujan batu

grêle

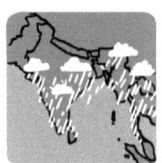

monsun

mousson

banjir

inondation

ais

glace

Januari

janvier

Februari

février

Mac

mars

April

avril

Mei

mai

Jun

juin

Julai

juillet

Ogos

août

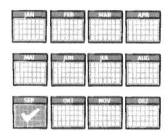

September
....
septembre

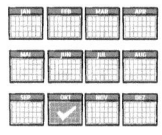

Oktober
....
octobre

November
....
novembre

Disember
....
décembre

bentuk
formes

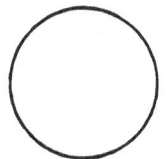

bulatan
....
cercle

petak
....
carré

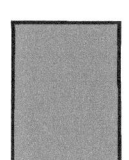

segi empat tepat
....
rectangle

segitiga
....
triangle

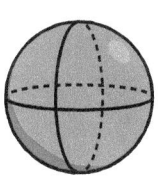

sfera
....
sphère

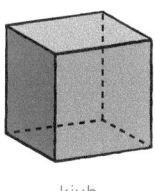

kiub
....
cube

warna

couleurs

putih

blanc

kuning

jaune

oren

orange

merah jambu

rose

merah

rouge

ungu

violet

biru

bleu

hijau

vert

coklat

marron

kelabu

gris

hitam

noir

banyak / sedikit

beaucoup / peu

marah / tenang

fâché / calme

cantik / hodoh

joli / laid

bermula / tamat

début / fin

besar kecil

grand / petit

terang / gelap

clair / obscure

abang / kakak

frère / soeur

bersih / kotor

propre / sale

lengkap / tidak lengkap

complet / incomplet

hari / malam

jour / nuit

mati / hidup

mort / vivant

luas / sempit

large / étroit

boleh dimakan / tidak boleh dimakan

comestible / incomestible

jahat / baik

méchant / gentil

teruja / bosan

excité / ennuyé

gemuk / kurus

gros / mince

pertama / terakhir

premier / dernier

kawan / musuh

ami / ennemi

penuh / kosong

plein / vide

keras / lembut

dur / souple

berat / ringan

lourd / léger

lapar / dahaga

faim / soif

sakit / sihat

malade / sain

menyalahi undang-undang / undang-undang

illégal / légal

pintar / bodoh

intelligent / stupide

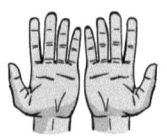

kiri / kanan

gauche / droite

dekat / jauh

proche / loin

baru / lama

nouveau / usé

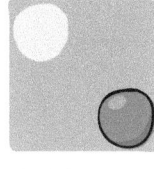

tiada / sesuatu

rien / quelque chose

tua / muda

vieux / jeune

hidup / mati

marche / arrêt

terbuka / tertutup

ouvert / fermé

diam / bising

faible / fort

kaya / miskin

riche / pauvre

betul / salah

correct / incorrect

kasar / halus

rugueux / lisse

sedih / gembira

triste / heureux

pendek / panjang

court / long

lambat / laju

lent / rapide

basah / kering

mouillé / sec

panas / sejuk

chaud / froid

berperang / berdamai

guerre / paix

0

sifar

zéro

1

satu

un / une

2

dua

deux

3

tiga

trois

4

empat

quatre

5

lima

cinq

6

enam

six

7

tujuh

sept

8

lapan

huit

9

sembilan

neuf

10

sepuluh

dix

11

sebelas

onze

12

dua belas

douze

13

tiga belas

treize

14

empat belas

quatorze

15

lima belas

quinze

16

enam belas

seize

17

tujuh belas

dix-sept

18

lapan belas

dix-huit

19

Sembilan belas

dix-neuf

20

dua puluh

vingt

100

ratus

cent

1.000

ribu

mille

1.000.000

juta

million

bahasa-bahasa
langues

Bahasa Inggeris

anglais

Bahasa Inggeris Amerika

anglais américain

Bahasa Cina Mandarin

chinois mandarin

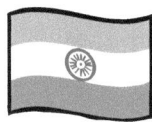

Bahasa Hindi

hindi

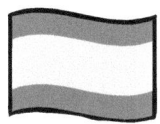

Bahasa Sepanyol

espagnol

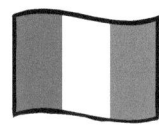

Bahasa Perancis

français

Bahasa Arab

arabe

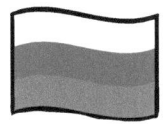

Bahasa Rusia

russe

Bahasa Portugis

portugais

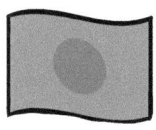

Bahasa Benggali

bengali

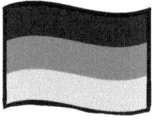

Bahasa Jerman

allemand

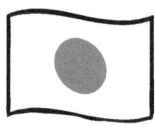

Bahasa Jepun

japonais

saya

je

anda

tu

dia / dia / ia

il / elle / ce, c', cela

kita

nous

anda

vous

mereka

ils / elles

siapa?

Qui ?

apa?

Quoi ?

bagaimana?

Comment ?

di mana?

Où ?

bila?

Quand ?

nama

nom

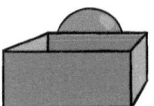

belakang

derrière

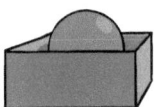

dalam

dans

di hadapan

devant

lebih

au-dessus

pada

sur

di bawah

en-dessous

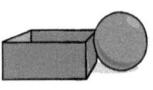

bersebelahan

à côté de

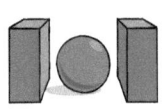

antara

entre

tempat

lieu